男の"ええ加減"料理はフライパンひとつ

60歳からの自立飯入門

石蔵文信
循環器科専門医
大阪樟蔭女子大学教授

講談社

目次

最初の1歩をふみ出せば、料理は毎日が発見で面白い！ …… 4
● 本書で使う道具 …… 5
● 本書の活躍食材 …… 6

フライパンで飯・麺・粉もんとつまみにもなって白飯に合うおかず

丼
- 親子丼 …… 8
- 牛丼 …… 10
- かつ丼 …… 12
- 塩カルビ丼 …… 14

飯
- たちまち熟カレー …… 16
- ハヤシライス …… 18
- レタスチャーハン …… 20
- チキンライス …… 22
- ライスピザ …… 24

麺
- 焼きそば …… 26
- 汁なし中華麺 …… 28
- 焼きうどん …… 30
- ナポリタン …… 32

粉もん
- お好み焼き …… 34
- 洋風ねぎ焼き …… 36
- チヂミ …… 38
- 大阪名物イカ焼き …… 40

つまみにもなって、白飯に合うおかず

牛脂
- 牛脂きんぴら …… 42
- 牛脂と玉ねぎの炒め煮 …… 44
- 霜降り豆腐ステーキ …… 46

あさり
- あさりのワイン蒸し …… 48

鶏肉
- 手羽塩ネギ …… 50
- パリパリ塩味鶏皮と鶏の唐揚げ …… 52
- 照り焼きチキン …… 54

うまいレシピ満載！

レバー
- にらレバ炒め …… 56

豚肉
- 豚バラ肉野菜巻き …… 58
- 豚のしょうが焼き …… 60
- 豚もやし餃子 …… 62
- 麻婆豆腐 …… 64
- 豚となすの辛みそ炒め …… 66
- 豚バラ野菜炒め …… 68
- 豚肉高菜炒め …… 70

卵
- オムレツ …… 72

牛肉
- 赤身で霜降りステーキ …… 74
- 男のハンバーグステーキ …… 76

シチュー
- 即席本格シチュー …… 78

最初の1歩をふみ出せば、料理は毎日が発見で面白い！

ええ加減につくっても、本格的な味になるノンストレスレシピ

現役時代、過剰な責務を背負い仕事に満身してきた男性が定年をむかえ、悶々として家に引きこもり状態になる。妻は何もしないで家にいる夫の昼ご飯を作らなければならない。夫のうつが妻のうつを誘発する。これを私は「夫源病」と名付け、定年前後の夫婦関係の改善に取り組んでいます。

夫婦うつを治すには、まずは退職した男性が自分の食べるものを自分で作れるようになり、自立することです。と同時に妻を家事から解放してあげることが重要。

私が関西を中心に行う男の料理教室「男の"ええ加減"料理」のルールは、買い物から材料を切るのも、作るのも、食べるのもひとりを前提としています。味つけは市販の"すきやきのタレ"や"中華味のもと"などを使って、むずかしいことはぬき。フライパンひとつあれば、炒める、煮る、焼く、揚げる、蒸す、ほとんどのものは作れます。

サイズはどこの家にもある、直径24cm〜30cmくらいのフライパンならどれでもOK。パスタを茹でるのも、鶏を揚げるのもぜんぶこれ1つでなんとかなります。

今回なんとしてもおすすめしたいのが「牛脂」。牛肉を買えば、ただでもらえる格安食材なのに、一緒に炒めたり、焼いたりすれば「料亭か⁉」と思うほどの本格的なええお味ができるのです。ご飯は一人分炊くのは面倒なので、真空パックのご飯を使うのがおすすめです。

2016年1月
石蔵文信

本書で使う道具

丼鍋
かつ丼、親子丼など丼をつくるときに使います。普通のフライパンでもつくれますが、丼の上に具材を直接のせるときにはこの鍋が便利です。

菜箸
ふだんの箸だと短くて火傷します。調理用の長い箸で炒めたり、ひっくりかえしたりすれば安心です。

キッチンばさみ
包丁だとすべって切りづらい鶏の皮を切ったり、彩りに万能ねぎやパセリを少量切りたいときなどはキッチンばさみで行います。

フライパン
家にある24cm〜30cmくらいのどのサイズのものでも大丈夫。テフロン加工してあるものがお手入れも簡単でおすすめです。

包丁
自宅にあるもので大丈夫。切りたいときなど、研ぎ器を使って味が悪い場合は、研ぎ器を使って研ぎましょう。切れ味がよくなると、スムーズに料理が進みます。

計量カップ
すきやきのたれを1：1で割ってあればらくちん。ない場合はマグカップでも大丈夫。味が濃ければ薄めればいいし、薄ければ足せばいいのです。

計量スプーン
大さじ1、小さじ1などの表記が出てきたときに使います。ティースプーンで代用してもよいですが正しい分量をはかりたい場合は使ってください。

まな板
自宅にあるもので大丈夫。お肉を切ったら洗剤を使って表・裏きれいに洗ってよくすすぐこと。きちんと乾燥させて清潔に使いましょう。

ピーラー
皮をむくのはもちろんのこと、ごぼうのささがきなどにも活用します。男の料理の必需品です。

ザル
野菜を洗ったり、湯や水を切るときに使います。

これらの道具はほとんどの家庭にあると思います。使う時には妻の許可を得て下さい。

本書の活躍食材

牛脂

肉の味は実は脂の味なんです。牛肉を買えばただでもらえる牛脂を使えば、まるでお高い牛肉が入っているかのような本格的なお味が完成します。だまされたと思って、試してください。

カット野菜

あれやこれやと野菜を買えば、けっこうなお値段に。市販のカット野菜がおすすめです。せん切りキャベツもカット済のものが売っているので活用します。

真空パックご飯

ひとり分を炊くのも面倒なので、真空パックご飯を安いときにまとめ買いしてストックします。

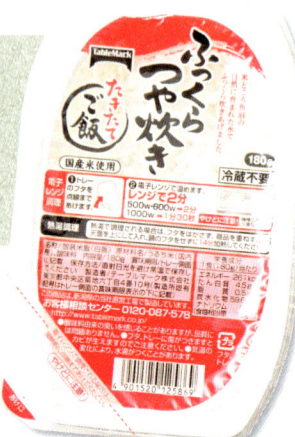

市販調味料

調味料は市販のものを活用します。かんたんにお店の味が実現します。

インスタント&レトルト

インスタント食品やレトルト食品を調味料感覚で使います。そのまま食べたら味気ないものが、ひと手間加えるだけで絶品料理に早変わり。

フライパンで飯・麺・粉もんとつまみにもなって白飯に合うおかず

調理時間付き

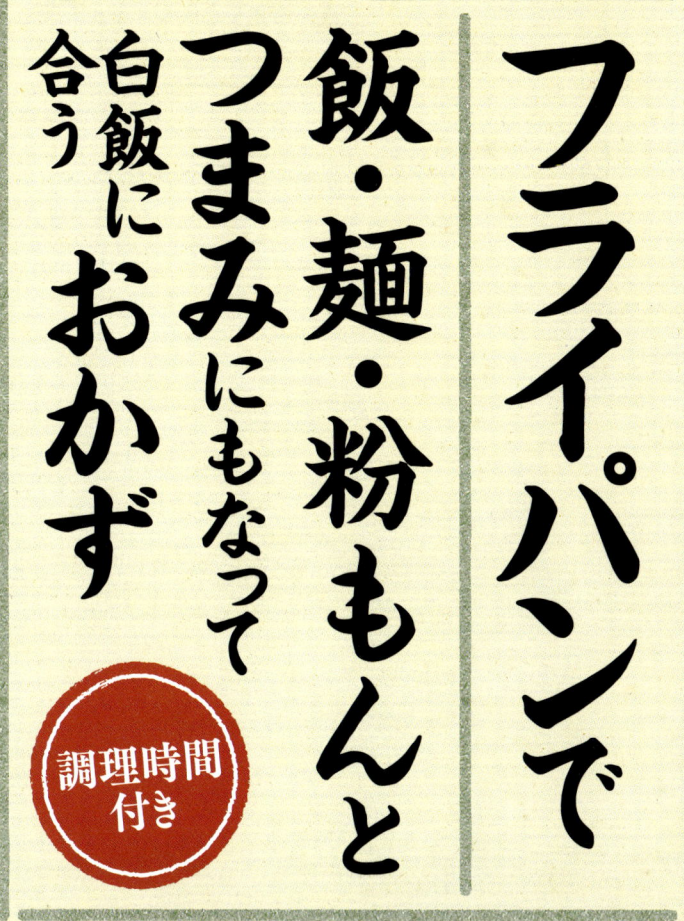

失敗しないコツ。
火加減は「強火禁止！」

焦がして失敗する人が多いので、少し目を離しても大丈夫な弱火から中火を基本とします。

丼

親子丼

調理時間 **20**分 　中級

材料

- 鶏もも肉…1/3枚(100g)
- 玉ねぎ…1/4個(50g)
- 卵…1〜2個
- すき焼きのたれ…大さじ2(水大さじ2)
- 油…適量(小さじ1)
- ご飯…1人前(180g)
- 三つ葉…適量

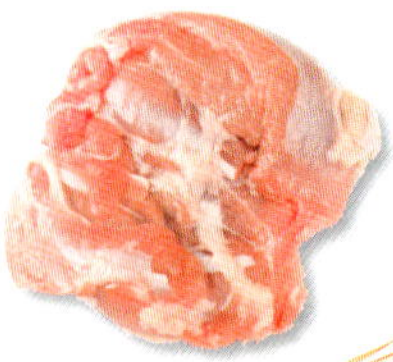

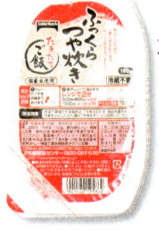
鶏もも肉

玉ねぎ

卵

ご飯

すき焼きのたれ

> 卵が硬めが好きな人は1個でも大丈夫。2個にすると半熟感がでます。

材料を切る

鶏もも肉はサイコロ状に小さく切る。玉ねぎは薄く切る。

1

鶏もも肉を水で割ったすき焼きのたれに漬け込んでおく。

2

丼鍋に油を薄く引いて、玉ねぎを入れて中火で軽く炒める。

中火

3 1をつけ汁ごと入れる。ふたをして弱火でしばらく煮る。

4 玉ねぎがしんなりして、鶏もも肉に火が通ったら、溶き卵1個をまわしかける。ふたをして弱火にして1〜2分待つ。

5 溶き卵を1個追加して、1分ほどで火を止めて卵を半熟に仕上げる。丼に電子レンジで温めたご飯を盛り、具をかけて好みで三つ葉をのせる。

丼

調理時間 **20** 分

中級

牛丼

材料

- 牛こま肉…100g
- しらたき(あく抜き済み)…1/4袋(30g)
- 玉ねぎ…1/4個(50g)
- 牛脂…1個
- すき焼きのたれ…50cc(水25ccで薄める)
- ご飯…180g
- 卵…1個
- 紅しょうが(市販)…適量

牛こま肉

玉ねぎ

卵

しらたき

牛脂

ご飯

すき焼きのたれ

しらたきのカルシウムが肉を硬くするので、あく抜き済みを選ぶ。ない場合は下茹でしてあくを抜く。

材料を切る

玉ねぎは薄く切る。しらたきは1cm角に切る。牛こま肉は食べやすい大きさに切る。

1

熱したフライパンに牛脂を入れて中火で脂を出す。

2

1に玉ねぎを入れて中火で軽く炒める。

3
2に牛こま肉、しらたきを入れて中火で炒める。

4
水で薄めたすき焼きのたれを入れ、中火で軽く煮る。

5
丼に電子レンジで温めたご飯を盛り、具をかける。好みで卵の黄身を乗せれば少し豪華。紅しょうがも好みで添える。

丼

かつ丼

調理時間 15分

中級

材料

- 豚かつ（市販）…1枚
- 玉ねぎ…1/4個（50g）
- すき焼きのたれ…40cc（水40ccで薄める）
- 卵…1個半
- ご飯…1人前（180g）
- 油…適量（小さじ1）

豚かつ

玉ねぎ

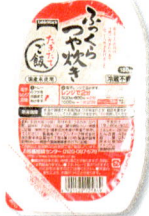
卵

すき焼きのたれ

ご飯

> 市販の豚かつを使うことで、簡単にお店の味が完成。

材料を切る

玉ねぎを薄く切る。豚かつは食べやすい大きさに切る。

1

丼鍋に油を引き、玉ねぎを入れて中火で軽く炒める。

中火

2

水で薄めたすき焼きのたれを1に入れてふたをし、中火で玉ねぎがしんなりするまで煮る。

中火

12

3
2に豚かつを加えて、煮汁を全体にからめ、ふたをして弱火で煮る。

4
溶き卵を豚かつの上からかけて、ふたをして弱火で少し煮る。卵が半熟になったくらいででき上がり。

5
丼に電子レンジで温めたご飯を盛り、具をのせる。

弱火

弱火

丼 — 調理時間 10分 — 初級

塩カルビ丼

材料
- 牛カルビ…100g
- 塩だれ…大さじ2
- ご飯…1人前（180g）
- 油…小さじ2
- 万能ねぎ…適量

 万能ねぎ

 牛カルビ

塩だれ

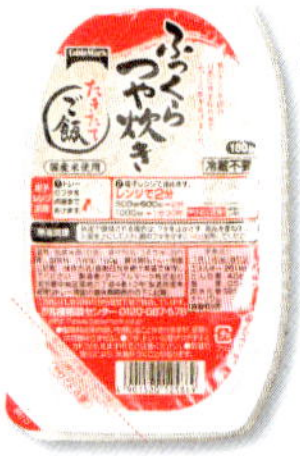

ご飯

> 好みでレモンをしぼってもOK。

1
牛カルビに塩だれを絡めておく。

2
熱したフライパンで牛カルビを中火で軽く焼く。

中火

3
丼に電子レンジで温めたご飯を盛る。

4
3に2を乗せる。

5
4に好みで、刻んだ万能ねぎを乗せる。

飯

調理時間 15分

初級

たちまち熟カレー

インスタントコーヒーを隠し味で加えるだけで、一晩寝かせた熟カレーに。

材料

- 豚こま肉…50g
- 玉ねぎ…1/4個(50g)
- レトルトカレー(中辛)…1袋(1人分)
- インスタントコーヒー…小さじ1
- ご飯…1人前(180g)
- 油…適量(小さじ2)

豚こま肉

レトルトカレー

玉ねぎ

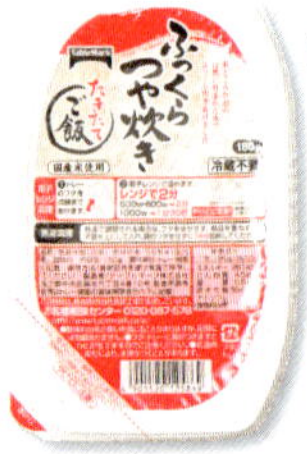

ご飯

インスタントコーヒー

材料を切る

豚こま肉を食べやすい大きさに切る。玉ねぎを薄く切る。

1
フライパンに油を熱し、豚こま肉を入れて中火で炒める。

中火

2
1に玉ねぎを入れて玉ねぎがしんなりするまで中火で炒める。

中火

16

3
2にレトルトカレーを加えてふたをして弱火で煮る。

4
3にインスタントコーヒーを加えて弱火で煮る。

5
弱火でひと煮たちしたらでき上がり。電子レンジで温めたご飯に添えて食べる。

弱火

弱火

弱火

ハヤシライス

飯 調理時間 **20**分 初級

牛脂を加えると、深みのあるハヤシライスに変身。

材料

- 牛こま肉…50g
- 玉ねぎ…1/2個（100g）
- 牛脂…1個
- 完熟トマトのハヤシライス（市販）…2かけ
- ご飯…1人前（180g）

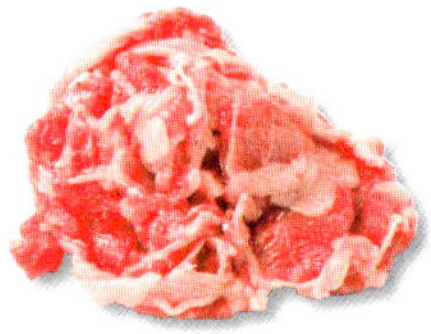

牛こま肉

牛脂

玉ねぎ

ご飯

完熟トマトのハヤシライス

材料を切る

玉ねぎは薄く切る。牛脂は1cm角切りに。牛こま肉は食べやすい大きさに切る。

1 フライパンに牛脂を熱し、玉ねぎを中火で炒める。

中火

2 1に牛こま肉を加えて中火で軽く炒める。

中火

3

2に水200ccを加えてふたをして中火で煮る。

4

煮えたらアクを取って弱火にする。

5

ハヤシライスのルーを加えて、弱火で煮る。ルーが煮溶けたらでき上がり。電子レンジで温めたご飯に添えて食べる。

飯

レタスチャーハン

調理時間 **20** 分 ／ 中級

材料

- ベーコン…2枚
- 玉ねぎ…1/4個（50g）
- レタス…1枚
- 卵…1個
- ご飯…1杯分（180g）
- Cook Do 香味ペースト（市販）…大さじ1
- 油…小さじ2

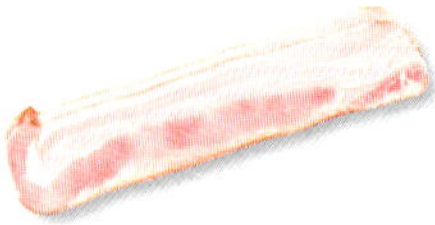

ベーコン

玉ねぎ

レタス

ご飯

卵

Cook Do 香味ペースト

> レトルトご飯を電子レンジで温めるとき、ふたを大きく開けるとパラパラご飯になる。

材料を切る

ベーコン、玉ねぎをみじん切りにする。レタスは食べやすい大きさに切る。

1

油を引いたフライパンで、ベーコンと玉ねぎを中火で軽く炒める。

中火

2

1を手前端に寄せ、フライパンを斜めにして溶いた卵を中火で炒る。

中火

20

3 2に電子レンジで軽く温めたご飯を加え、中火で炒める。フライパンの底から混ぜるようにする。

4 具材が混ざったら、香味ペーストを加えて中火で炒める。

5 4にごま油をまわし入れ、レタスを加えて、軽く混ぜてでき上がり。

飯 | 調理時間 15 分 | 中級

チキンライス

オムレツ（P72参照）をのせれば、まるで洋食屋さんのオムライス。

材料

- 鶏もも肉（皮なし）…1/6枚（50g）
- 玉ねぎ…1/4個（50g）
- ご飯…1杯分（180g）
- ケチャップ…適量
- コンソメ（顆粒）…小さじ1（15ccの湯で溶く）
- 塩…少々
- こしょう…少々
- パセリ…適量
- 油…小さじ1

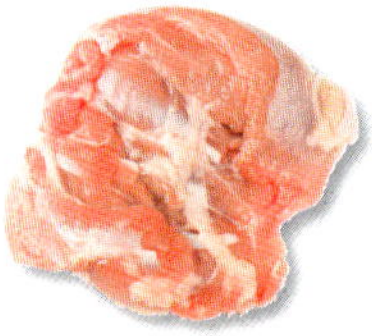

鶏もも肉

玉ねぎ

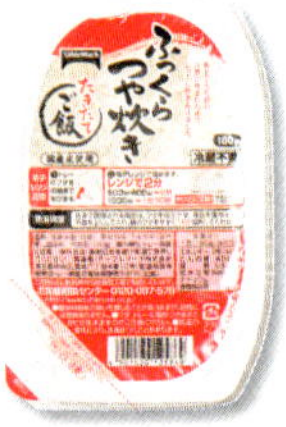

ご飯

ケチャップ

コンソメ（顆粒）

材料を切る

鶏もも肉は小さいサイコロ状に切る。玉ねぎはみじん切りにする。

1

熱したフライパンに油を引いて、中火で鶏もも肉、玉ねぎを軽く炒め、塩、こしょうを加えて炒める。

中火

2

火が通ったら、電子レンジで軽く温めたご飯を入れ、フライパンの底から混ぜる。

中火

3 2に湯で溶いたコンソメをまわし入れ、混ぜる。

中火

4 ケチャップを入れて味を整えて、弱火で炒める。

> フライパンの底から混ぜる

弱火

5 彩りにパセリをキッチンばさみで切ってのせる。

飯

調理時間 **20**分 　中級

ライスピザ

ピザが残りご飯で簡単に作れる。目からウロコのアイデアレシピ。

材料

- 余りご飯…100g
- 薄力粉…50g
- 白だし…大さじ1
- ピーマン…1/2個
- トマト…1/2個
- サラミ…8切れ
- とろけるチーズ…60g
- 油…小さじ2

材料を切る

ピーマンは細く切る。トマトはくし切りにする。

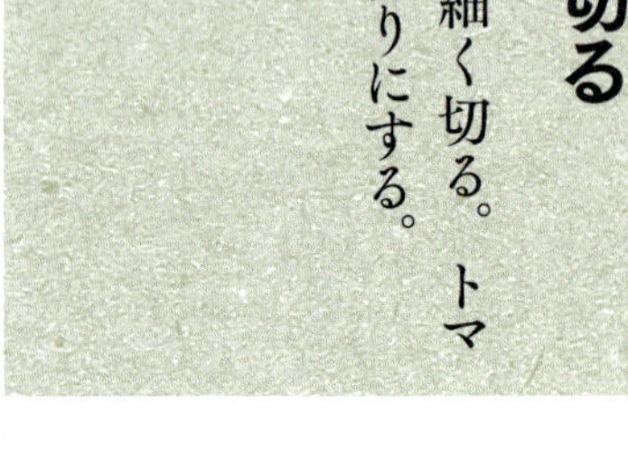

1 ボウルに薄力粉50g、白だしを入れて、少しトロトロになるまで水60〜70ccを加える。

2 1に電子レンジで軽く温めた余りご飯を加えて混ぜる。

24

3 油を引いたフライパンに、2を丸く置いて整えて、ふたをして弱火で焼く。

4 3を裏返す。

5 サラミ、ピーマン、トマトを上にのせて、とろけるチーズをのせる。ふたをして弱火で2～3分焼く。

弱火

弱火

弱火

麺

焼きそば

調理時間 **15** 分

初級

材料

- 市販カット野菜…1袋（150g）
- 豚バラ肉…50g
- 焼きそば（ソース付き）…1人分
- 油…小さじ1

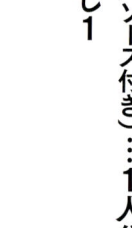
市販カット野菜

豚バラ肉

焼きそば（ソース付き）

> 麺を洗った水を、きりすぎないのがコツ。水分で野菜と麺を蒸しています。

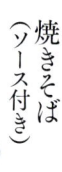

材料を切る

豚バラ肉を3cmの幅に切る。

1

フライパンに油を熱し、中火で豚バラ肉を炒める。

（中火）

2

豚が白くなってきたらカット野菜を加えて中火で炒める。

（中火）

26

3
焼きそばを水でほぐす。

4
2に3を加えて、ふたをして中火で2〜3分蒸す。

> 焼きそばの水を切りすぎない。

5
麺がほぐれたら添付のソースを入れて中火でよく炒めてでき上がり。

麺

汁なし中華麺

調理時間 **20** 分 / 初級

材料
- 市販カット野菜…1袋
- 豚バラ肉…50g
- ごま油…小さじ1
- インスタントラーメン（市販）…1袋

市販カット野菜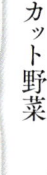

豚バラ肉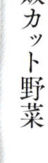

ごま油

インスタントラーメン（市販）

> 汁が少なく感じるかもしれませんが、あえて追加せずにいきましょう。

材料を切る
豚バラ肉を食べやすい大きさに切る。

1
フライパンにごま油を熱し、中火で豚バラ肉を炒める。

（中火）

2
豚が白くなってきたらカット野菜を加えてふたをして中火で蒸らす。

（中火）

3
水またはお湯を500cc加えて中火で煮る。

4
3にインスタントラーメンを入れ、ふたをして約3分中火で煮る。

5
麺がふやけたら箸でほぐし、ラーメンスープの素を加えて煮込む。

麺

調理時間 **15** 分

初級

焼きうどん

材料
- うどん…1玉（230〜250g）
- 豚バラ肉…50g
- ちくわ（かまぼこでもOK）…1本
- カット野菜…1袋（150g）
- 万能ねぎ…1本
- かつお節…適量
- 醤油…小さじ2
- 油…小さじ1

万能ねぎ

うどん

豚バラ肉

ちくわ

市販カット野菜

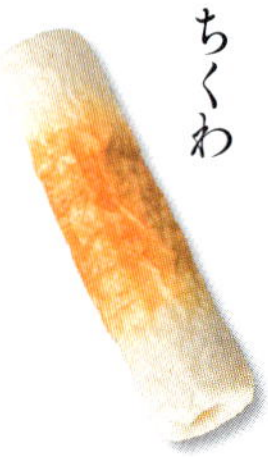

> 手順1のうどんは、ザルに入れて、流水で洗ってもOK。

材料を切る
豚バラ肉とちくわを食べやすい大きさに切る。万能ねぎは小口切りにする。

1
うどんをボウルにはった水でほぐし、水けを軽く切る。

2
フライパンに油を引いて、豚バラ肉、ちくわを中火で炒める。

中火

3
2にカット野菜を加えて中火で軽く炒める。

4
3に1を加えてふたをし、中火で2〜3分蒸す。

5
麺がほぐれたら醤油を加えて中火でよく炒める。万能ねぎや、好みでかつお節をかける。

麺

調理時間 20分　中級

ナポリタン

材料

- パスタ…100g
- ナポリタンソース（市販）…1人前
- ソーセージ…2本（40g）
- 玉ねぎ…1/4（50g）
- ピーマン…1個（30g）
- 粉チーズ…適量
- 塩（茹で用）…適量

粉チーズ

ナポリタンソース（市販）

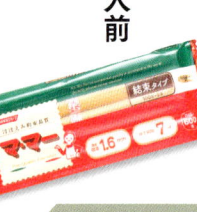
パスタ

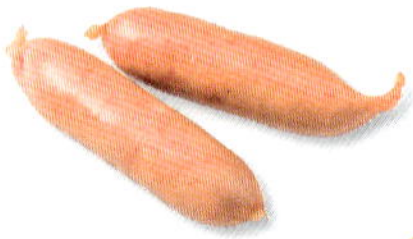

ソーセージ　玉ねぎ　ピーマン

> ソーセージのかわりに厚切りベーコンを使ってもおいしい。

材料を切る

1
ソーセージは斜め切りにする。玉ねぎ、ピーマンは細く切る。

ゆでやすいように、パスタを半分に折る。

2
フライパンに湯をわかし、適量の塩を入れ、1を表示時間どおりにゆでる。ザルに上げて水けをきる。

ふきこぼれ注意

強火

3 ソーセージ、玉ねぎ、ピーマンをフライパンに入れ、中火で炒める。

4 玉ねぎがしんなりしたら、市販のナポリタンソースを加えて、中火で少し煮る。

5 4に火が通ったら2を入れて絡めてでき上がり。好みで粉チーズをふる。

中火

中火

中火

粉もん

調理時間 **25**分

中級

お好み焼き

材料

薄力粉…50g
白だし…大さじ1
せん切りキャベツ（市販）…1袋（130g）
卵…1個
豚バラ肉…50g
お好み焼きソース…適量
かつお節…適量
青のり…適量

白だし

せん切りキャベツ（市販）

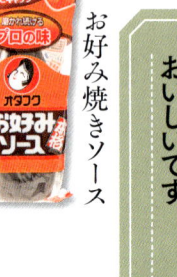
薄力粉

卵

豚バラ肉

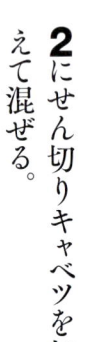
青のり

かつお節

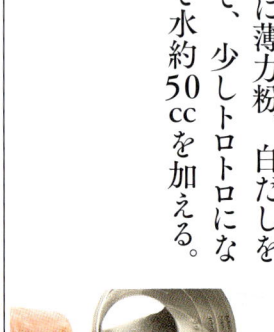
お好み焼きソース

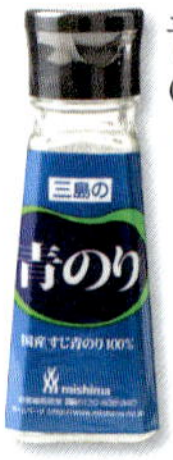

> 作り方**1**で天かすをひとつかみ加えてもおいしいです。

1 ボウルに薄力粉、白だしを加えて、少しトロトロになるまで水約50ccを加える。

2 1に卵を加えて混ぜる。

3 2にせん切りキャベツを加えて混ぜる。

4 熱したフライパンに豚バラ肉をのせて、中火で焼く。

5 4に3をゆっくりのせて丸く整え、ふたをして弱火で焼く。

6 数分したら裏返す。これを数回繰り返す。決してお好み焼きを上から押さえてはならない。

7 お好み焼きソースをぬって、かつお節、青のりをかける。

粉もん

調理時間 **25**分

中級

洋風ねぎ焼き

材料
- 薄力粉…50g
- 白だし…大さじ1
- 万能ねぎ…1束
- 豚バラ肉…50g
- 卵…1個
- とろけるチーズ…20g

卵は生地に入れず、後で合体。シンプルに食べたい場合は、手順4で完成。

材料を切る
豚バラ肉を2つに切る。万能ねぎを小口切りにする。

1
ボウルに薄力粉、白だしを入れて、少しトロトロになるまで水約50ccを加える。

2
万能ねぎを1に加えて混ぜる。

3
豚バラ肉をフライパンにのせて、中火で焼く。

4 3に2をゆっくりのせて丸く整える。ふたをして弱火で数分焼き、裏返す。これを数回繰り返す。

5 いったん4を皿か、フライパンのふたに取り出す。

6 フライパンに卵と、とろけるチーズをのせて中火で焼く。

7 上から5のネギ焼きをかぶせて2分くらい弱火で焼く。好みでしょうゆなどをつけて食べる。

粉もん

調理時間 **20**分

中級

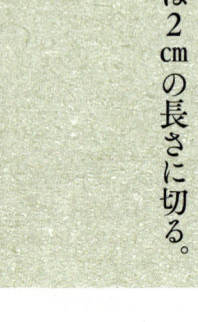

チヂミ

材料
- にら…1/2束
- 薄力粉…40g
- 片栗粉…10g
- 鶏ガラスープ…小さじ1（湯小さじ1）
- ごま油…小さじ2
- ポン酢…適量

にら  / 薄力粉  / 片栗粉  / ポン酢  / ごま油  / 鶏ガラスープ

> 片栗粉を入れることでモチモチ食感になります。

材料を切る
にらは2cmの長さに切る。

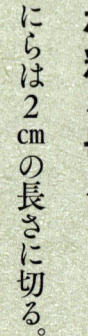

1
ボウルに薄力粉、片栗粉、湯で溶いた鶏ガラスープを加えて、少しトロトロになるまで約50ccくらいの水を加える。

2
にらを1に加えて、軽く混ぜる。

3 フライパンにごま油を引き、弱火で熱する。**2**をゆっくりのせて丸く整える。

4 ふたをして弱火で2〜3分焼く。

5 裏返す。これを数回繰り返す。ポン酢やぎょうざのタレなど好みのタレで食べる。

粉もん

調理時間 15分　上級

大阪名物 イカ焼き

大阪の有名百貨店名物のイカ焼きを自宅で食べたくて考案。熱したフライパンではさみ焼きするのがコツ。

材料

- イカ…50g
- 小麦粉…少々（大さじ2杯位）
- 卵…1個
- ウスターソース…適量
- 油…大さじ1
- 小さめフライパン…1個

イカ　小麦粉 　卵 　ウスターソース

材料を切る

イカを適当な大きさに切る。

1
ボールに小麦粉を入れて、イカを加えて小麦粉を絡める。

2 【中火】
油を引いたフライパンに1を入れて中火で軽く焼く。

3 【中火】
ボールに残った小麦粉に水約20ccを加え（とろとろになる位）、焼いているイカの上にかける。

4 【弱火】
ヘラである程度形を整えて、すぐに卵を中央に割り入れる。黄身をつぶしてふたをして弱火で蒸し焼きにする。

5 【中火】
焼けたら裏返す。

6

イカ焼きを作っているフライパンよりワンサイズ小さい別のフライパンを軽く熱する。

強火

小さめのフライパン

7

イカ焼きを作っているフライパンを再び中火にかける。アルミホイルを間にはさんで、6の熱々フライパンで上から押さえつけるようにプレスする。

中火

8

フライパンをひっくり返して、アルミホイルを皿代わりにして、ウスターソースを塗る。

つまみおかず

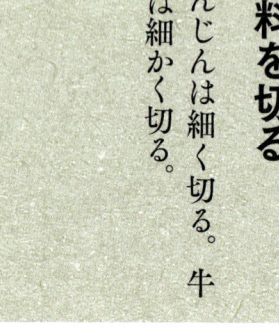

調理時間 20分

中級

牛脂きんぴら

> 牛肉が入ってないとは思えない、上質な味わいのきんぴらに。

材料
- 牛脂…1個
- ごぼう…1/2本（50g）
- にんじん…1/2本（50g）
- すき焼きのたれ…大さじ2（大さじ2の水で薄める）

牛脂
ごぼう
にんじん
すき焼きのたれ

材料を切る
にんじんは細く切る。牛脂は細かく切る。

1
水をはったボウルを用意し、ごぼうをピーラーでささがきにする。

2
フライパンを中火で温め、牛脂を入れて脂がでるまで炒める。

中火

3 ザルで水けをきったごぼうと、にんじんを入れて中火で炒める。

4 水で薄めたすき焼きのたれを**3**に入れて軽く混ぜ、ふたをして中火で蒸らす。

5 水分がなくなるまで弱火で煮詰めて、できあがり。

つまみおかず

調理時間 **10**分

初級

牛脂と玉ねぎの炒め煮

材料
- 玉ねぎ…1個
- 牛脂…3個
- すき焼きのたれ…大さじ2（水大さじ2）

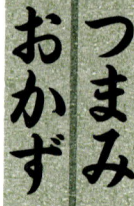

玉ねぎ

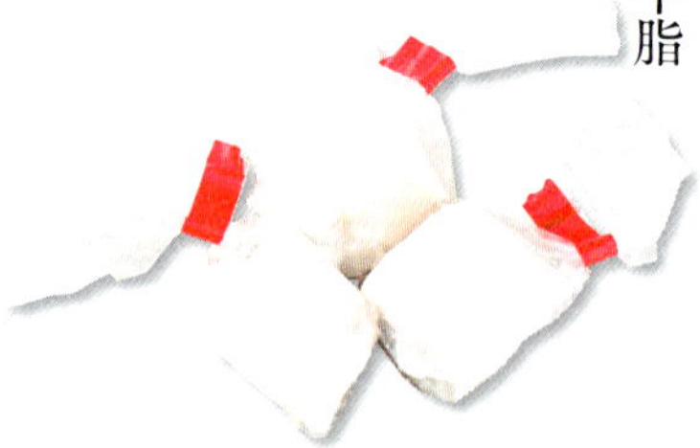

牛脂

すき焼きのたれ

> 一晩寝かせたすき焼きのような味。まさか玉ねぎだけとは思えない絶品に。

材料を切る
玉ねぎをくし切りにする。牛脂は1cm角くらいに切る。

1
フライパンを中火で温めて牛脂を炒める。

中火

2
玉ねぎを加えて中火で炒める。

中火

44

3
玉ねぎに火が通ったら水で割ったすき焼きのたれを入れて、ふたをして中火で煮る。

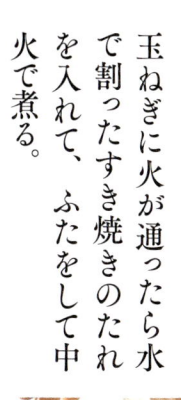

4
軽く煮詰めたらできあがり。白飯にのせて食べたら最高に旨い。

霜降り豆腐ステーキ

つまみおかず　調理時間 20分　中級

材料
- 木綿豆腐…1/2丁（150g）
- 牛脂…1個（10g）
- にんにく…1かけ（5g）
- ししとう…2本
- すき焼きのたれ…大さじ1と1/2

液状脂を固めた牛脂は加熱すると溶けてなくなってしまうので、お肉屋さんでもらえる牛脂を使うこと。

材料を切る
牛脂2/3量を細かく刻む。にんにくは薄く切る。ししとうは軸をはずす。

1
木綿豆腐はペーパータオルで包み、軽く重しをして水きりをする。

2
菜箸の背を使って、牛脂を豆腐の中（両面）に押し込む。

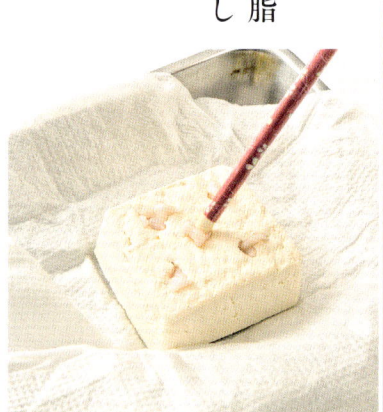

3
フライパンに残してある牛脂1/3量を中火で熱し、にんにくを加えて香りが出たら**2**を入れて、ふたをする。

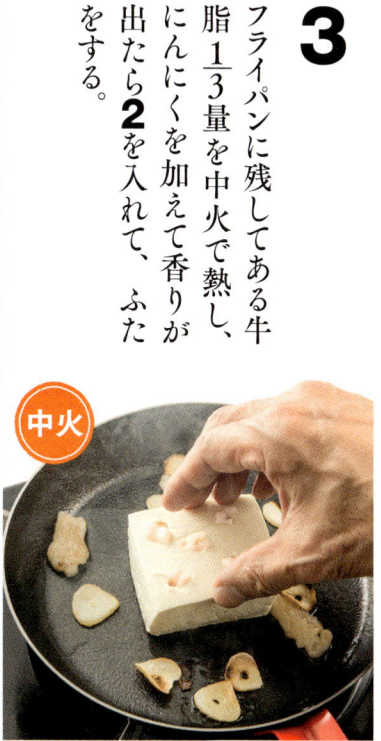

4
片面が焼けたら豆腐を裏返す。ししとうを加えてふたをして中火で焼く。

5
すき焼きのたれをまわし入れ、弱火で汁気がなくなるまで煮詰めてできあがり。

つまみおかず

調理時間 **15**分

初級

あさりのワイン蒸し

白ワインを飲みたい時のおかずに最適。

材料

- あさり（砂出ししてあるもの）…1パック（300g）
- にんにく…1かけ（5g）
- 万能ねぎ…1本
- オリーブ油…小さじ1
- 白ワイン…大さじ4

万能ねぎ / にんにく / あさり / 白ワイン / オリーブ油

材料を切る

にんにくは薄く切る。万能ねぎは小口切りにする。

1 あさりは軽く水洗いし、ザルに上げておく。

2 フライパンにオリーブ油を引き、中火でにんにくを炒める。

中火

48

3
にんにくの香りが出たら、あさりを加える。

4
2～3分ふたをして中火で蒸らす。

5
白ワイン（酒でも良い）を加えてふたをする。中火で蒸らす。

6
あさりの殻が開くまで加熱したら、塩、こしょうで味を調え、万能ねぎを散らしてでき上がり。

つまみおかず

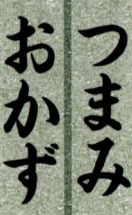

調理時間 15分

初級

手羽塩ネギ

材料
- 鶏手羽先…4本（200g）
- 長ネギ…1本
- 塩…1つまみ

鶏手羽先
長ネギ 
塩

> 手羽の両面をカリカリになるまでじっくり焼くのがおいしさの秘訣。

材料を切る
ネギをザックリ5cm長さの輪切りにする。

1
フライパンを弱火にかけ、手羽の皮の方を下にして入れる。

弱火

2
1を弱火でじっくり焼いて脂を出す。

弱火

3 手羽を数回返して、弱火で皮をカリカリに焼く。

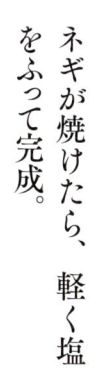

4 3にネギを加えて中火で焼く。

5 ネギが焼けたら、軽く塩をふって完成。

つまみおかず

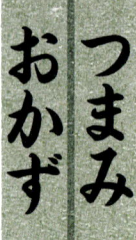

調理時間 20分

中級

パリパリ塩味鶏皮と鶏の唐揚げ

鶏皮をカリッカリに揚げるのがおいしく食べるコツ。

材料

- 鶏もも肉…1/3枚（100g）
- 塩…少々
- こしょう…少々
- 小麦粉…大さじ1
- サラダ油…大さじ1〜2

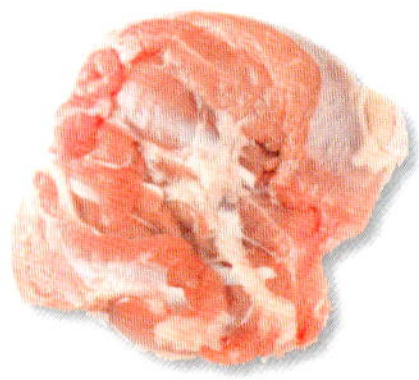

鶏もも肉
小麦粉 
こしょう 
塩 

材料を切る

鶏肉の皮をはがし、皮はキッチンばさみで切る。身は包丁で切る。

1

塩、こしょうをした赤身肉に小麦粉をまぶす（から揚げ粉を使ってもよい）。

2

鶏皮を弱火でゆっくりと炒めて脂を出す。

弱火

3 2で出た脂にサラダ油を加え、フライパンを斜めにして1を中火で少しずつ揚げていく。（鶏皮は油と反対側に置いて油を切る。）

4 鶏皮と鶏もも肉をキッチンペーパーに取り出す。

5 鶏皮に少し塩（分量外）をふれば出来上がり。

つまみおかず

照り焼きチキン

調理時間 **15**分

中級

材料

- 鶏もも肉…1/3枚（100g）
- 片栗粉…小さじ1
- すき焼きのたれ…大さじ3（水大さじ3）
- 油…大さじ1

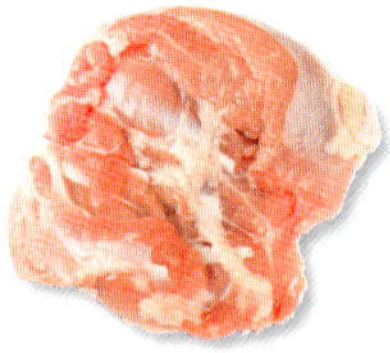

鶏もも肉
片栗粉 
すき焼きのたれ 

> 5cm長さくらいに切った長ねぎを、一緒に焼いて煮詰めてもおいしい。

1 鶏もも肉に片栗粉を軽くつける。

2 フライパンに油を熱し、皮の方から弱火でふたをして焼く。【弱火】

3 両面に弱火でじっくり焼き色をつける。【弱火】

4 水で薄めたすき焼きのたれを**3**に入れ、ふたをして弱火で煮る。

5 煮汁が残っていても味が十分にしみていればでき上がり。

おかず

調理時間 **25**分

中級

にらレバ炒め

材料
- 鶏レバー…100g
- にら…1/2束（50g）
- もやし…1/2袋（100g）
- 焼肉のたれ…大さじ2
- 油…小さじ2

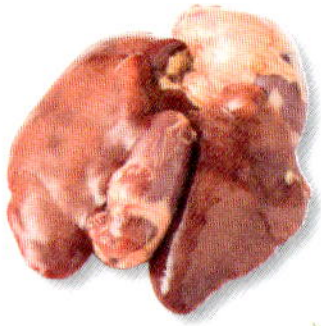

鶏レバー
にら 
もやし 
焼肉のたれ 

> レバーの血抜きはザルにレバーを入れて、流水で行ってもOK。

材料を切る
レバーは食べやすい大きさに切る。にらは5cm長さに切る。もやしは洗って水けを切る。

1
ザルにレバーを入れ、ボウルにはった水でレバーを何回か洗って血抜きをする。

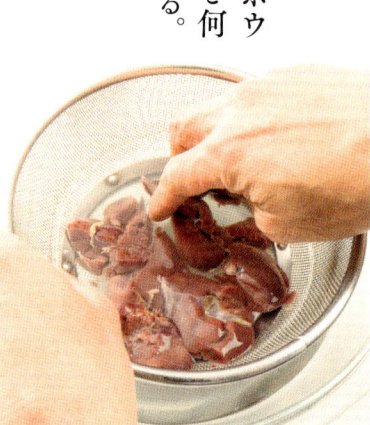

2
1のレバーに熱湯をかけて臭み取りをする。

3 2の水けを切る。

4 フライパンに油を引いて、3を入れて中火で炒める。

5 にらともやしを加えて中火で炒め、焼肉のたれを絡めてできあがり。

つまみおかず

豚バラ肉野菜巻き

調理時間 **20** 分　上級

生野菜が豚肉の中で程よく蒸されて、調味料なしでも絶品！

材料

- 豚バラ肉…100g
- ほうれん草…1株
- なす…1本（80g）
- レタス…1枚
- コチジャン…適量（お好みで）

ほうれん草　豚バラ肉　なす　コチジャン　レタス

材料を切る

ほうれん草は根元を切って半分の長さに切る。レタス、なすは縦に細長く切る。なすは水にさらしてからザルで水けを切る。

1 豚バラ肉を広げ、野菜を各種類ごとに巻いていく。

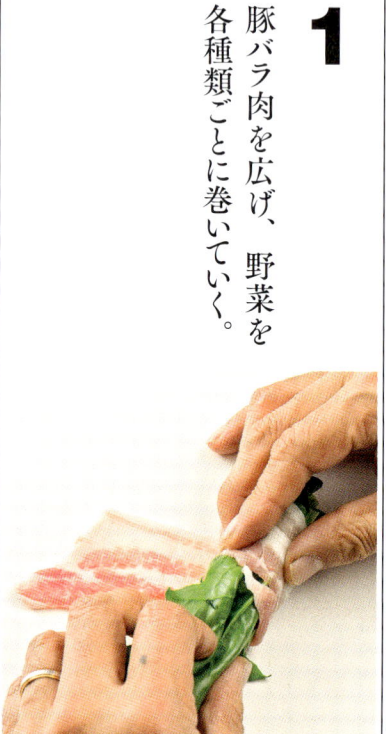

2 このように斜めに巻いていくのがコツ。

3 熱したフライパンに**2**を並べ、ふたをして弱火で焼く。

4 まんべんなく焼けるように、箸で返す。

5 食べやすい大きさにキッチンばさみで切る。好みでコチジャンを添えて食べる。

おかず

調理時間 **20**分

初級

豚のしょうが焼き

材料
- 豚ロース肉…100g
- 生姜すりおろし（チューブ）…小さじ1/2
- すき焼きのたれ…大さじ2
- レタス…1枚

豚ロース肉
生姜すりおろしチューブ 
すき焼きのたれ 
レタス 

> フライパンに肉を並べてから火をつければ、あわてなくて大丈夫。

1 生姜のすりおろしをすき焼きのたれに入れて混ぜる。

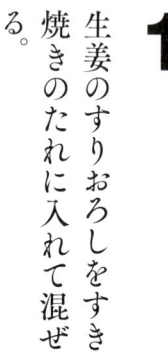

2 1に豚ロース肉を5〜10分漬けておく。

3 2を並べてからフライパンに火をつけて、中火で肉に軽く焼き目をつける。

中火

4
3に漬け込んでいたすき焼きのたれ入れる。

5
たれを絡めるように中火で焼いて、火が通ったらできあがり。彩りに肉の下にレタスを敷くとよい。

おかず

調理時間 15分

初級

豚もやし餃子

材料

- チルド餃子…8個
- 豚こま肉…40g
- もやし…1/2袋（100g）
- 餃子のたれ（付いているもの）…適量
- 油…小さじ2

チルド餃子
豚こま肉 
もやし 

> この方法だと挿し水が要らないので、失敗知らず。2品同時に完成。

材料を切る

豚こま肉は食べやすい大きさに切る。もやしを洗って水けをきっておく。

1

フライパンに油を入れ、餃子を並べる。

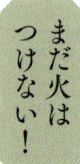

> まだ火はつけない！

2

1のフライパンを中火にかけ、上からもやしをのせる。

中火

> 手早くできない場合は、弱火で作業すれば良い。

62

3 2に豚こま肉をのせる。

> 手早くできない場合は、弱火で作業すれば良い。

中火

4 ふたをして弱火で約5分、豚こま肉にちゃんと火が通るまで蒸し焼きにする。

弱火

5 餃子と豚もやしのでき上がり。餃子のたれをかけて食べる。

おかず

調理時間 **20**分

中級

麻婆豆腐

材料

- 豆腐（木綿）…1/2丁
- にんにく…1かけ（5g）
- 万能ねぎ…2本
- 豚ひき肉…60g
- キムチ鍋の素（市販）…大さじ2
- 片栗粉…小さじ1（水小さじ2）
- 油…大さじ1

万能ねぎ
にんにく
豚ひき肉
豆腐（木綿）
キムチ鍋の素（市販）
片栗粉

> 豆腐をなすにかえれば、麻婆なすが作れます。

材料を切る

豆腐をサイコロ状に切る。にんにくと万能ねぎを細かく刻む。

1

熱したフライパンに油を引き、中火でにんにくを炒め、香りがたったら豚ひき肉を炒める。

中火

2

1に豆腐を入れ、キムチ鍋の素を入れる。

中火

3 水40ccを加えて煮る。

4 味がなじんだら、水溶き片栗粉を回し入れて弱火で煮る。

5 彩りに万能ねぎを入れる。

おかず

調理時間 **15**分

中級

豚となすの辛みそ炒め

材料

- 豚バラ肉…100g
- なす…1本（80g）
- 甜麺醤…小さじ1
- コチュジャン…小さじ1

豚バラ肉
なす
甜麺醤
コチュジャン

> ビンではなく、チューブの甜麺醤が使い勝手がよくておすすめ！

材料を切る

豚バラ肉を食べやすい大きさに切る。なすは輪切りにする。

1
フライパンを中火で温め、豚バラ肉を入れて炒める。

中火

2
炒めるうちに、豚バラ肉の油が出てくる。

中火

66

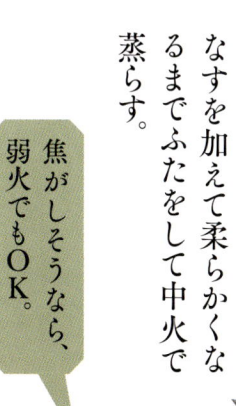

3 なすを加えて柔らかくなるまでふたをして中火で蒸らす。

> 焦がしそうなら、弱火でもOK。

4 甜麺醬とコチジャンを加えて弱火で炒める。

5 味がなじんだらでき上がり。

おかず

調理時間 **20** 分

中級

豚バラ野菜炒め

材料

- カット野菜…1袋
- しいたけ…1枚（20g）
- 玉ねぎ…1/4個（40g）
- 豚バラ肉…100g
- Cook Do香味ペースト（市販）…小さじ1
- ラード…小さじ1

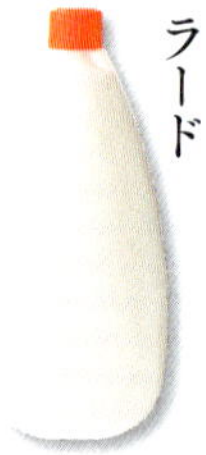

ラードを使って炒めることで、野菜にコクがプラスされます。

材料を切る

しいたけ、玉ねぎ、豚バラ肉を食べやすい大きさに切る。

1

フライパンにラードを熱する。

（中火）

2

豚バラ肉を入れて中火で炒める。

（中火）

3 しいたけ、玉ねぎを入れて中火で軽く炒める。

4 3にカット野菜を加えて箸で軽く混ぜ、ふたをして中火で蒸らす。

5 香味ペーストを入れて中火で炒めあわせ、味がなじんだらでき上がり。

おかず

調理時間 **15** 分

中級

豚肉高菜炒め

材料
- 豚バラ肉…100g
- 高菜漬け…40g
- 油揚げ…1枚
- ごま油…小さじ1

高菜漬け

豚バラ肉

油揚げ

ごま油

> 油揚げの油抜きは、マグカップに熱湯をそそぐのがいちばんお手軽。

材料を切る
豚バラ肉、高菜漬け、油揚げを食べやすい大きさに切る。

1
マグカップに油揚げを入れて熱湯をかけて油抜きをする。

2
1の湯をきっておく。

3 フライパンにごま油を引いて、中火にかける。

4 3に豚バラ肉を入れて中火で炒める。

5 高菜漬け、油揚げを加えて中火で炒め、火が通ったらでき上がり。

おかず

オムレツ

調理時間 **10** 分

上級

材料
- 卵…2個
- 牛乳…大さじ2
- バター…10g
- とろけるチーズ…30g

卵
牛乳 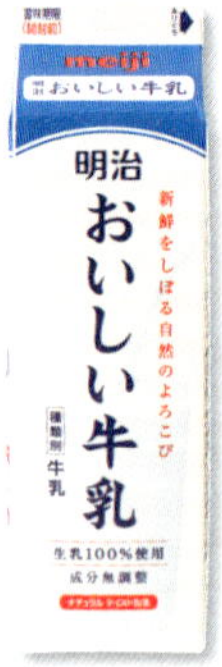
バター 
とろけるチーズ 

> オムレツがマスターできれば、オムライス、オムそばなどバリエーションが広がります。

1 卵と牛乳をトロトロになるまでよくかき混ぜ、卵液を作る。

2 中火で熱したフライパンにバターを入れて溶かす。（中火）

3 2に卵液を一気に流し入れて、弱火で全体をかき混ぜる。（弱火）

4 3にとろけるチーズを加える。

5 フライパンを斜めにし、フライパンの柄をトントンと叩きながら奥の淵で丸めていく。丸まったら、火を止めて素早く皿に移す。

弱火

弱火

更なる挑戦

オムレツができるようになったら、ぜひ「チキンライス」（P22参照）や、「焼きそば」（P26参照）にのせてみよう。

おかず

調理時間 15分

中級

赤身で霜降りステーキ

安くてかたいお肉でも、この方法で作るとおいしくなる。

材料

- 牛赤身肉（ステーキ用）…100〜150g
- 牛脂…1個
- もやし…1/2袋（100g）
- 塩…少々
- こしょう…適量
- ステーキソース…適量（大さじ2）

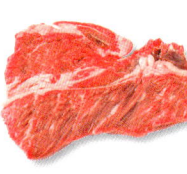

牛赤身肉（ステーキ用）
牛脂 
もやし 
ステーキソース 

1
牛赤身肉は包丁の背で叩き、塩とこしょうをふる。これを両面に行う。

2
牛脂を両面に塗りつける。

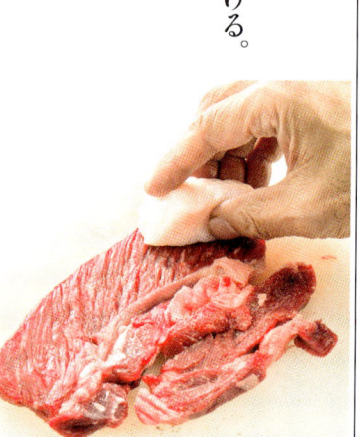

3
中火で熱したフライパンに2の牛脂を切って入れ、肉の両面を30秒〜1分ほど軽く表面に焦げ目がつく程度焼く。

中火

4 ステーキを取り出して、熱が逃げないように素早くアルミホイルでくるみ、余熱で火を通す。

熱を逃がさないよう、手早く行う。

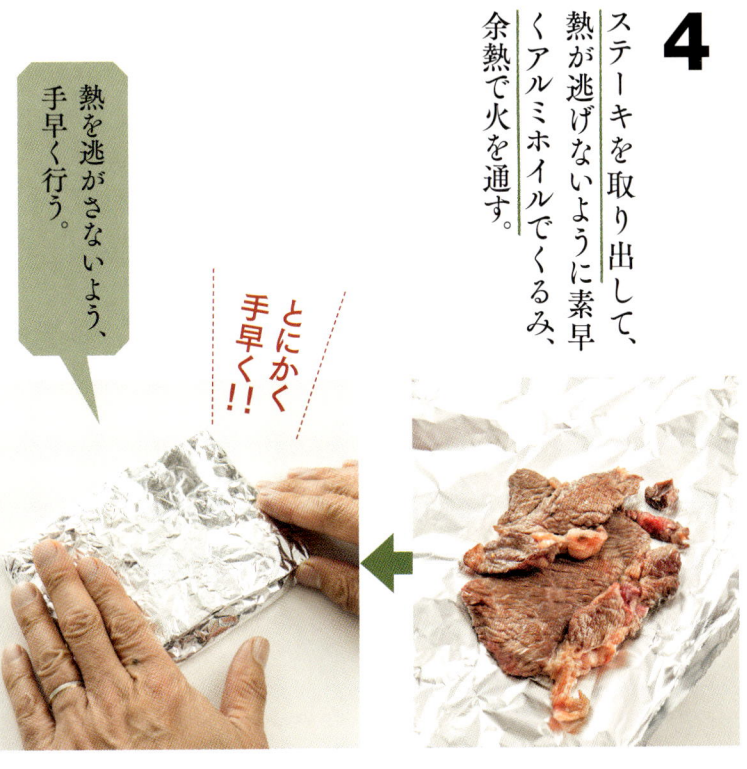

とにかく手早く！！

5 4のフライパンにもやしを入れて中火で軽く炒めて火を止める。ステーキを戻し入れ、ソースをかけて、でき上がり。

中火

おかず

調理時間 30分　上級

男のハンバーグステーキ

> ひき肉を使わない理由は、粗挽きにして肉の食感を楽しむため。

材料

- 牛こま肉…100g
- 牛脂…1個
  （2/3は肉に混ぜ、1/3は焼き用）
- 玉ねぎ…1/4個（50g）
- パン粉…大さじ2（8g）
- 牛乳…大さじ2　卵…1/2個
- こしょう…適量　塩…少々
- ケチャップ…大さじ1
- ウスターソース…大さじ1
- 赤、黄パプリカ…各1/8個（15gずつ）
- クレソン…適量

牛こま肉 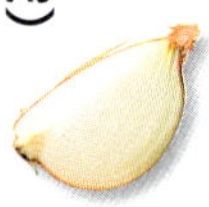 / 玉ねぎ / 牛脂  / 赤、黄パプリカ / パン粉 / 牛乳

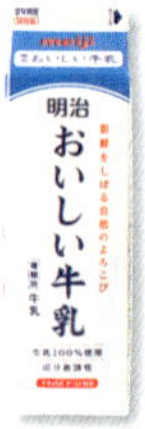

野菜を切る

玉ねぎをみじん切り、パプリカは適当な大きさに切る。

1
牛肉を細かく切ってから包丁でたたいてミンチにする。

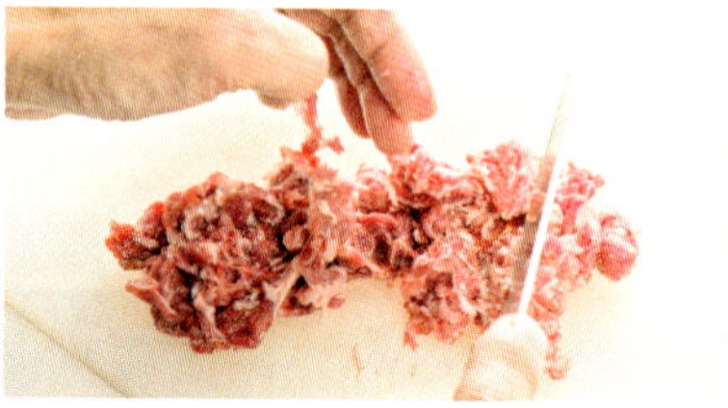

2
牛脂（2/3量）を細かく切って、1と共に包丁でたたく。

3
ビニール袋に、玉ねぎ、2・溶き卵、パン粉、塩、こしょうを入れてよく混ぜる。

4
中火で熱したフライパンに牛脂（1/3量）を入れて脂を出す。　**中火**

5
3を取り出して空気を抜きながら成形する。ふたをして弱火でじっくりと焼く。時々裏返す。　**弱火**

76

6

5をフライパンから取り出してアルミホイルで包み、余熱で中まで火を通す。

> 熱が逃げないよう手早く行う。

7

フライパンにケチャップとウスターソースを入れて中火にかけ、ソースを作る。

8

6を戻し入れてソースをからめ、パプリカとクレソンを入れてふたをして弱火で1〜2分蒸し焼きにする。

おかず

即席 本格シチュー

調理時間 **20** 分

中級

シーフードミックスのだしで、レトルトとは思えない本格味に。

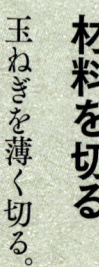

材料

- 冷凍シーフードミックス…50g
- 玉ねぎ…1/4個（50g）
- レトルトシチュー…1袋（1人分）
- 牛乳…大さじ2
- バター…5g
- 油…小さじ2
- パセリ…適量

冷凍シーフードミックス
牛乳 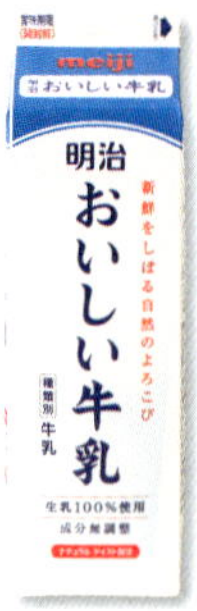
レトルトシチュー 
玉ねぎ
バター  

材料を切る

玉ねぎを薄く切る。

1
冷凍シーフードミックスを解凍しておく。

2
フライパンに油を熱し、1と玉ねぎを入れてしんなりするまで中火で炒め、レトルトシチューを加える。

中火

3 牛乳を加えて弱火で少し煮込む。

4 仕上げにバターを加えて、風味が飛ばないように火を止める。

5 彩りにキッチンばさみでパセリを切ってのせる。

石蔵文信（いしくらふみのぶ）

1955年京都府生まれ。循環器科専門医。大阪樟蔭女子大学健康栄養学部教授。三重大学医学部卒業。国立循環器病研究センター、大阪警察病院などで勤務後、大阪大学大学院医学系研究科保健学専攻准教授を経て、現職。
中高年に多いメンタル疾患と生活習慣病などを「男性更年期障害」として診察するための外来を、大阪、東京で持つ。「男性更年期障害」の治療に効果があるとして、男性が料理をすることを推奨し、不定期で料理教室を開催している。著書に『夫源病、こんなアタシに誰がした』（大阪大学出版会）、『男のええ加減料理』（講談社）、『缶詰で男のもっとええ加減料理』（講談社）などがある。

■調理サポート
(株)ヘルシーピット

■撮影
井上孝明（講談社写真部）

■デザイン・DTP
田中小百合（osuzudesign）

好評発売中

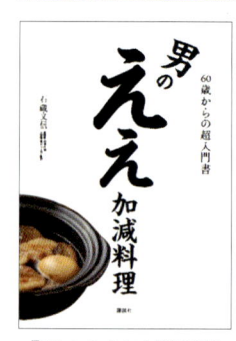

『男のええ加減料理』　『缶詰で男のもっとええ加減料理』

男の"ええ加減"料理は
フライパンひとつ
60歳からの自立飯入門

2016年4月7日　第1刷発行

著　者　石蔵文信（いしくらふみのぶ）
発行者　鈴木　哲
発行所　株式会社講談社
　　　　〒112-8001　東京都文京区音羽2-12-21
　　　　販売　TEL03-5395-3606
　　　　業務　TEL03-5395-3615
編　集　株式会社 講談社エディトリアル
代　表　田村　仁
　　　　〒112-0013　東京都文京区音羽1-17-18　護国寺SIAビル6F
　　　　編集部　TEL03-5319-2171
印刷所　半七写真印刷工業株式会社
製本所　大口製本印刷株式会社

定価はカバーに表示してあります。
本書のコピー、スキャン、デジタル化等の無断複製は著作権法上での例外を除き禁じられております。
本書を代行業者等の第三者に依頼してスキャンやデジタル化することは
たとえ個人や家庭内の利用でも著作権法違反です。
落丁本・乱丁本は、購入書店名を明記の上、講談社業務あてにお送りください。
送料小社負担にてお取り替えいたします。
なお、この本についてのお問い合わせは、講談社エディトリアルあてにお願いいたします。
©Fuminobu Ishikura2016 Printed in Japan
N.D.C.2077 79p 26cm ISBN978-4-06-299669-3